SECRETS MAGIQUES

POUR

L'AMOUR

3636

ACADÉMIE DES BIBLIOPHILES

DÉCLARATION

« Chaque ouvrage appartient à son auteur-éditeur. La Compagnie entend dégager sa responsabilité collective des publications de ses membres. »
(*Extrait de l'article* IV *des Statuts.*)

TIRÉ A QUATRE CENT TREIZE EXEMPLAIRES

400 sur papier de Hollande,
13 sur papier de Chine,

Nº

Secrets Magiques pour l'Amour

en nombre de Octante et trois.

R. 50918

SECRETS MAGIQUES

POUR

L'AMOUR

OCTANTE ET TROIS

Charmes, Conjurations, Sortilèges
et Talismans

PUBLIÉS

D'APRÈS LES MANUSCRITS DE PAULMY

PAR

UN BIBLIOMANE

PARIS
ACADÉMIE DES BIBLIOPHILES

M DCCC LXVIII

Gens curieux des secrets de nature,
Gardez l'acteur non pensant à laidure.

EXPLICIT

LE LIVRE DES IV^{xx} ET III

SECRETS MAGIQUES

POUR L'AMOUR

NOUVELLEMENT IMPRIMÉ

A PARIS

Pour l'esbattement des Bibliophiles
& non aultres

Par ALCAN-LÉVY

JURÉ IMPRIMEUR DE LEUR ACADÉMIE

Messieurs

de l'Académie des Bibliophiles

Le très-singulier opuscule que nous offrons aujourd'hui aux curieux faisait partie de la riche collection d'œuvres cabalistiques formée au siècle dernier par Marc-Réné de Voyer d'Argenson, marquis de Paulmy. Nous n'avons pas à présenter à nos lecteurs cet amateur illustre, que l'on pourrait qualifier, sans contredit, le premier bibliophile de son temps, s'il n'avait rencontré pour rival, sur ce noble terrain, l'invincible duc de La Vallière.

Comme toutes les religions, et à plus juste titre peut-être, le culte des livres compte ses fanatiques et ses martyrs. Le marquis de Paulmy fut un de ceux-là. Il engloutit, pour créer la magnifique bibliothèque qui ne conserva pas même son nom, l'immense fortune des d'Argenson — trois générations de ministres ! — Et, comme l'avare, auquel d'ailleurs il ressemblait si peu, il allait se trouver réduit à vivre de ménage, à côté de son trésor intact, si le comte d'Artois n'avait eu la généreuse inspiration de renouveler en sa faveur la délicate libéralité de Mazarin, de Catherine II et de quelques autres : Le prince acheta *en bloc cette inestimable collection de livres rares et de manuscrits précieux, dont il laissa la jouissance viagère au fondateur ; il y réunit bientôt après la majeure partie — sinon la meilleure — de la bibliothèque La Vallière, et constitua ainsi le fonds de sa bibliothèque privée qui devint, sous la Révolution et plus tard lors de son avènement au trône, la bibliothèque publique de l'Arsenal.*

C'est donc à l'Arsenal que se trouve aujourd'hui le manuscrit des Secrets magiques pour l'amour. Il y est classé sous le numéro 92, Sciences et arts fr., in-4. C'est un extrait spécialisé d'un autre répertoire plus général : Secrets de magie (n° 82), auquel nous avons fait aussi quelques emprunts complémentaires.

Le bibliophile Jacob, le savant conservateur et le dernier des adeptes, peut-être, avait déjà signalé et cité ces deux recueils dans ses Curiosités des Sciences occultes : *un de ces livres d'érudition attrayante qui vous empoignent à la première page et ne vous lâchent qu'à la dernière ligne. Mis en goût par son spicilége, nous avons cueilli à pleines mains ces étranges fruits de l'arbre de la science hermétique, et nous vous les présentons, chers confrères, sauf, bien entendu, le respect dû au* lecteur français en général et à notre Compagnie en particulier.

A cela près, nous avons scrupuleusement conservé la forme vulgaire, mais caractéristique du texte. Un commentaire nous eût entraîné trop loin, il n'était pas nécessaire d'ailleurs, avec un public tel que le nôtre; nous nous sommes borné à distinguer par des numéros — non pas d'ordre, mais de succession — les différents paragraphes du manuscrit, auxquels nous avons ajouté quelques autres recettes du même genre, tirées des éditions primitives du Grand et du Petit Albert.

Il nous a paru piquant de rappeler à la suite de ces Secrets de Magie quelques passages de Pline — *de venerem stimulantibus* — *que tout le monde connaît, mais auxquels ce rapprochement ne laisse pas de prêter un intérêt particulier. Enfin, nous avons dressé, en manière de table analytique, un répertoire général présentant, pour ainsi dire, l'inventaire du maté-*

riel spécial de cette industrie interlope dont l'absence de patente n'a jamais réussi à écarter la clientelle.

Il nous semble impossible d'attribuer une date précise à ce grimoire érotique. L'écriture des deux manuscrits trahit une main naïve et peu exercée, du dix-septième, peut-être même du commencement du dix-huitième siècle; mais les formules et secrets, rassemblés sans ordre ni suite, remontent certainement à des époques antérieures très diverses.

Les uns sentent le moyen âge, ils ont conservé le cachet de superstition grossière qui caractérise l'esprit populaire de ces temps d'ignorance. Les autres portent l'empreinte évidente du seizième siècle, alors que le grand mouvement de la Renaissance apporta en France, avec les hautes inspirations artistiques de l'Italie, les pratiques suspectes de ses astrologues et nécromanciens. D'autres, enfin, se rattachent à cette lugubre phase du dix-septième siècle que signalent les péripéties fantastiques ou criminelles de la ténébreuse affaire des poisons.

Les origines en sont aussi bien distinctes. La plupart peuvent être attribués à quelques misérables sorciers de village, comme nos tribunaux en évoquent encore de temps à autre, qu'ils renvoient à leurs moutons après un petit temps de pénitence administrative ; mais quelques-unes de ces élucubrations sembleraient plutôt écloses dans le sombre retrait de Claude Frollo. Elles exhalent un parfum de prêtre et de sacrilége, de passions comprimées et inavouables. Elles nous apportent comme un reflet des diableries hystériques de Louviers et de Loudun. Madeleine Bavent et les Ursulines de Sainte-Croix durent imaginer quelques-uns de ces sortiléges raffinés dont les choses saintes, la messe, les cérémonies du culte, les objets consacrés, fournissent les accessoires et règlent la mise en scène. D'autres, enfin, nous soufflent au visage les miasmes toxiques du laboratoire de la Brinvilliers.

Tout cela est curieux assurément et de nature à intéresser le philosophe — même non hermétique. Mais on comprend que malgré la publicité restreinte et choisie dans laquelle nous nous renfermons, nous avons dû élaguer un certain nombre de ces *édifiantes recettes. Parmi celles que nous publions, aucune n'est criminelle, quelques-unes sont répugnantes, mais la plupart ne sont que grotesques et ridicules.*

Il en est une pourtant, la conjuration de l'Etoile du Berger, qui fait exception dans le nombre. Elle est vraiment poétique et brille dans ce cloaque, comme l'astre charmant qu'elle invoque au milieu d'une nuit sans lune. C'est quelque chose de naïf et de passionné comme la chanson de Marguerite ; — une prière plutôt qu'une conjuration — et nous ne serions pas éloigné de croire qu'elle dût conserver encore quelque vertu. Nous engageons les intéressés à en faire l'épreuve à tout hasard.

Il est à remarquer, d'ailleurs, que cette philosophie de l'absurde affecte dans les détails une certaine logique sui generis. Ainsi, dans toutes ces opérations tendant à inspirer de l'amour, le côté gauche — côté du cœur — est prescrit pour le côté de l'action; le vendredi — jour de Vénus — est le jour consacré; les animaux d'un naturel lascif : la colombe, le moineau, la caille, la belette, sont les victimes désignées; enfin, dans la composition des philtres, entrent de préférence les substances qui semblent devoir résumer en elles la quintessence amative ou attractive; par exemple, la pierre d'aimant, le lait d'une femme allaitant son premier enfant mâle, etc.

Les amoureux d'autrefois croyaient-ils sérieusement à l'influence de ces charmes magiques?... Il n'est pas permis d'en douter ; et nous plaignons sincèrement les belles cruelles du temps jadis qui ont dû absorber, à leur insu, bon nombre de ces poudres et de ces breuvages nauséabonds dont on trouvera plus loin la recette. Le livre noir de l'histoire fournirait, au besoin, la preuve irrécusable que la Montespan, entre autres, ne reculait pas devant de tels moyens pour raviver l'amour expirant du Grand Roi. Nous ne jurerions pas même que notre siècle de scepticisme ne comptât encore quelques initiés opiniâtres : les manuscrits de l'Arsenal, fatigués et maculés, gardent la trace visible des mains fiévreuses qui les feuillettent encore journellement.

Et pourtant, ces multiples secrets de nos pères sont depuis

longtemps distancés ! Nous avons suivi le conseil du fabuliste : « *N'en ayons qu'un, mais qu'il soit bon,* » *et le carillon argentin de* Marco *a remplacé avantageusement les mystérieuses pratiques de la Cabale. Certes, nous voyons chaque jour ce simple procédé produire de merveilleux effets ; mais il n'est pas, comme nos Secrets magiques, à la portée de tout le monde ; et, d'ailleurs, quoi qu'en disent les esprits forts, si les sortiléges et talismans sont aujourd'hui grandement déchus de leur ancien crédit, il faut bien convenir aussi,* — *n'est-il pas vrai mesdames ?*

Qu'on n'aime plus comme on aimait jadis !

C. J. (Bibliomane).

SECRETS MAGIQUES
POUR L'AMOUR

I

Vous vous ferez immanquablement aimer de qui vous voudrez, comme il est expérimenté, si vous pouvez avoir de la personne dont vous souhaitez être aimé quelque chose qui sorte de son corps : soit de ses cheveux, de sa salive, soit de son sang, soit du linge où elle ait sué. Mettez cela avec pareille chose de vous, et entortillez-le dans un ruban rouge où vous ferez ces caractères avec votre nom et le sien, de votre propre sang :

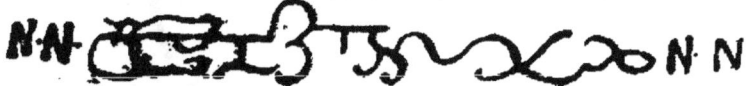

Roulez le tout, en sorte que les N. N. qui sont la place des noms se touchent; puis prenez un autre ruban et liez vos caractères en lacs d'amour. Enfermez le tout dans le corps d'un moineau, et portez cela sous votre aisselle jusqu'à ce qu'il pue ; et ensuite, le mettez dans la cheminée, faisant un bon feu pour dessécher le tout.

Pendant que cela desséchera, allez trouver la personne dont vous voulez être aimé; vous la trouverez dans une ardeur sans pareille pour vous; si sage qu'elle ait été auparavant, vous en ferez ce que vous voudrez. Il n'y a rien de si sûr et de si expérimenté.

II

Un jeudi, avant le soleil levé, faites une bague moitié or moitié argent, et, quand elle sera faite, il faut prononcer dessus cette parole : Lethomius; et vous y graverez les caractères suivants :

— Le *Petit Albert* (édition de Genève 1672) donne une autre recette de bague charmée plus curieuse et peut-être même plus efficace, le magnétisme aidant :

« Ayez une bague d'or garnie d'un petit diamant, qui n'ait point été portée. Enveloppez-la d'un petit morceau d'étoffe de soie et la portez pendant neuf jours et neuf nuits entre chemise et chair contre votre cœur. Le neuvième jour, avant le soleil levé, vous graverez avec un poinçon neuf en dedans de la bague ce mot : SCHEVA. Puis ayez trois cheveux de la personne et les accouplez avec trois des vôtres en disant : « *O corps, puisses-tu m'aimer ! Et que ton dessein réussisse aussi ardemment que le mien, par la vertu efficace de* SCHEVA ! » Il faudra lier ces cheveux en lacs d'amour, en sorte que la bague soit enlacée dans le milieu du lacs ; et l'ayant enveloppée dans l'étoffe de soie, vous la porterez derechef sur votre cœur l'espace de six jours ; et le septième vous dégagerez la bague du lacs d'amour et ferez en sorte de la faire accepter par la personne aimée. Toute cette opération se doit faire avant le soleil levé et à jeun. »

III

Ayez deux couteaux neufs, et, par un

vendredi matin, allez dans un endroit où il y ait des vers de terre. Prenez-en deux, et ayant bien joint les deux couteaux ensemble, coupez les deux têtes et les queues ; et vous prendrez les corps et reviendrez chez vous, et vous mettrez du …… dessus et les ferez sécher, et les mettrez en poudre pour faire manger à la personne.

IV

· Frottez vos mains avec du jus de verveine et touchez celui ou celle à qui vous voudrez donner de l'amour.

V

· Prenez le foie d'un pigeon et le cerveau d'un merle, et le mettez en poudre et le donnez à manger à la personne.

VI

Il faut cueillir un bouquet de la main gauche, tel que l'on voudra, en disant :

Je te cueille par la force et puissance de Lucifer, prince des Enfers, et de Belzébud, mère des trois Démons, qu'elle commande à Attas, *à* Effeton, *à* Canabo, *son compagnon, qu'ils aillent tourmenter* N. *du haut en bas; qu'en vingt-quatre heures de temps s'accomplisse ma volonté!*

VII

Vous achetez un pot d'amaranthe, vous le mettez sur votre fenêtre, et, le premier vendredi de la lune ou du mois, avant le soleil levé, vous le mettrez sécher dans un four de boulanger dans du papier brouillard. Et, quand il sera séché, vous le mettrez dans du taffetas sur votre cœur pendant neuf jours. Et, quand la personne en prend, vous dites : *Toi aimable range-toi de mon côté et demeure en moi.*

Le donner dans du pain d'épice; en vous ..... vous dites : Delequs, greliis, maliis, contemplis. Et nommez les noms des femmes ou filles.

VIII

Pour l'amour de fille ou femme, il faut faire semblant de tirer son horoscope pour savoir si elle sera bientôt mariée et l'obliger de vous regarder en face et même entre les deux yeux. Et quand vous serez tous deux en pareille posture, vous réciterez ces paroles : KAFÉ, KASITA, NON KAFETA ET PUBLICA FILII OMNIBUS SUIS. Ces paroles dites, vous pouvez commander à la personne et elle vous obéira à tout ce que vous voudrez.

IX

Quand la personne dort, vous lui prenez la main en prononçant ces paroles : *Cœur, je te charme : garde-moi ton amour comme la Vierge Marie a gardé sa virginité.* Et vous faites trois fois le signe de la croix avec la langue dans votre bouche, en disant : *Au nom du Père* ✠ *du Fils* ✠ *et du Saint-Esprit.* ✠

X

Pour vous faire aimer d'une fille ou femme, dites : *Fille, que tu sois alliée tiercement de mon amour par* SATAN, RUDAMONT, *princes de tous les diables d'Enfer, je te fais commandement, Belzébud, de par le grand Dieu vivant, de faire tout ce qui est dit cy-devant, comme Jupiter a fait à la fleur de son temps.* DINZOT *et de* DINZOT, AMASSE, RAMASSE *et* JOINS ✠ *les deux parties ensemble sans que jamais personne y puisse mettre empeschement.*

XI

Prenez de la verveine que vous pilerez, et en frotterez le talon de votre main gauche ; puis avec cette main, vous formerez un signe de croix à votre front, ensuite à celui de la fille, en disant : *Cathos, que ton désir seconde au mien comme celui de Saint Joseph avec Marie ! Au nom du Père* ✠ *du Fils* ✠ *et du Saint-Esprit* ✠ *ainsi soit-il.*

XII

Pour se faire aimer d'une fille, il faut tirer du sang de son petit doigt de la main gauche et le faire toucher à la main ou au bras de la fille, en disant : *Sang, je t'applique au nom de* Satan, *de* Belzébud *et de* Lucifer. *Mère de tous les diables*, trois fois : *je t'en prie, je t'en prie, je t'en prie, de me la faire avoir comme verdurette et errante et comme la fleur* Danucos, Tenus, Agihe, Agios, Agiothet.

Dansant avec elle dans une assemblée, vous la ferez suivre avec vous partout où vous irez.

XIII

Tuos alliga quinque capillos et tres feminœ, quibuscum flores alligabis; et totum projice in ignem, dicens : « *Ure, Sancte Spiritus, penes nostros et cor nostrum Domine.* »

XIV

L'ENCRE DE SYMPATHIE, D'ESTIME ET D'AMOUR

Il faut écrire ces mots sur une feuille de papier, en sorte qu'elle en soit toute couverte, tant d'un côté que de l'autre : dAama *et* Eva, Adam *et* Eve. *Ainsy que Dieu vous conjoignit, dans le Paradis terrestre, d'un lien saint et mutuel et indissoluble, ainsy le cœur de ceux à qui j'escriray ne puisse me rien refuser.* Heli, Heli, Heli.

Cela fait, il faut brûler la feuille de papier et prendre garde de rien perdre des cendres. Ensuite, vous aurez de l'encre neuve qui n'ait point servi, dans laquelle il faudra mettre la cendre, en y ajoutant du lait de femme qui allaite son premier enfant mâle, avec un peu d'aimant de celui qui attire le fer; le mettre en poudre. Prenez un canif neuf, une plume neuve.

XV

La pervenche réduite en poudre avec

des vers de terre, donne de l'amour aux femmes et aux hommes. Il faut en faire manger dans la viande.

XVI

Prenez de l'herbe appelée *hermaphrodite*, puis broyez-la dans vos mains et les frottez bien de son jus. Puis badinez et maniez bien les mains de la femme, et vous en ferez ce que vous voudrez.

XVII

Ecrivez sur une pièce d'étain ces paroles : ABAS ✠ ELIM ✠ ABRATOÏ ✠ AGEBAT PROCHA. Et mettez cette pièce sous le chevet du lit de la personne.

XVIII

Etant en la présence de la personne de laquelle vous voulez être aimé, la regardant fixement, ayant un ruban de fil, chanvre, ficelle ou cordonnet entre vos mains, sans que l'on vous voie, vous formerez un nœud en *lacs d'amour*. Cela suffit disant ces paroles lors de la ligature : *Ut duo te video non quinque te alligo. Cor tibi manduco, sanguinem tibi bibo. Aly Aly camitales baptisan et patri filio. Dei nom.* N. (Nom et surnom). *Tibi impero ut quædam quæ voluero et velim adimpleas et facias.*

XIX

Faites un anneau ou bague d'argent, et vous ferez graver, dans la partie intérieure qui touche à la chair, ces paroles et croix : ✠ Daby ✠ Daby ✠ Daby ✠ Huber ✠ Huber.

XX

Ayez un crapaud en vie, un vendredi avant le soleil levant, à l'heure de Vénus ; et vous l'attacherez par les deux pattes de derrière dans votre cheminée. Et quand il sera bien sec, vous le mettrez en poudre dans un mortier, et vous l'envelopperez dans une feuille de papier, et vous le mettrez sous un autel, par derrière, pendant trois jours; et vous l'irez retirer le troisième jour, à la même heure. Notez qu'il faut que l'on dise la messe sur cet autel. Et, quand vous l'aurez retiré, autant de filles ou de femmes dont vous voudrez jouir, vous en mettrez sur quelque fleur, et elles vous suivront partout.

XXI

Vous vous arrachez trois poils des... et trois de dessous l'aisselle gauche, et vous les ferez brûler sur une pelle à feu bien chaude; et quand ils seront brûlés, vous les réduirez en poudre et vous les introduirez dans un morceau de pain que vous mettrez dans de la soupe ou dans du café. Et sitôt que la fille ou la femme à qui vous en aurez donné en aura mangé, soyez persuadé que jamais elle ne vous quittera.

XXII

Il faut prendre la main gauche de la personne avec votre main gauche, et, la regardant et en nommant son nom et surnom, dire : *N., je te charme par l'âme que je porte! Et que tu aies à m'aimer aussi tendrement que la vierge* Marie aima son fils, *d'un amour aussi ardent que le feu du ciel est embrasant!*

XXIII

Si vous pouvez coller au dossier du lit de la personne un billet comme ci-après, l'écriture sur le bois, le plus près du chevet que vous pourrez, elle ne reposera pas sans penser à vous : Michaello! Gabriello! Raphaello! *faites* qu'une telle *m'aime ardemment.*

XXIV

Prenez de la *enula campana,* cueillie

la veille de la Saint-Jean, avant le soleil levé, à jeun, et la mettez dans un linge, sur votre cœur, l'espace de neuf jours. Après, vous la mettrez en poudre et vous en donnerez à la personne dans du tabac, ou sur un bouquet, ou dans son manger ; elle vous suivra partout.

XXV

Ecrivez de votre sang sur une feuille de laurier ces lettres ou caractères, puis l'enterrez sous la porte de la fille ou femme.

17. p ℔. 6 3. S. Y.

XXVI

P459, F1392, C49947p92, 582, F3662.

Il faut dire et porter sur soi en 653, T45ch18t, 61, 7138, de la vôtre, les paroles suivantes : Bestarbesto, *corrumpat viscera cujus mulieris* (1).

XXVII

POUR QU'UNE FILLE SE FASSE AIMER D'UN HOMME.

Il faut, quand elle a ses ......, avoir un petit pain de deux liards tout chaud et ôter la calotte de dessus, faire un trou avec le doigt, pas bien avant, et faire tomber neuf gouttes du sang des ...... dans le milieu du pain, et se faire saigner du nez et en recevoir neuf gouttes; remettre la calotte dessus, et le faire sécher dans un four. Et après, le réduire en poudre et en faire prendre, dans du café ou du bouillon ou autre chose, quatre ou cinq prises à la personne.

(1) N'est-ce pas faire injure à la sagacité de nos lecteurs que de leur donner la clef de ce chiffre naïf?

1	2	3	4	5	6	7	8	9
a	e	i	o	u	l	m	n	r

Est-il besoin aussi d'attirer leur attention sur le nom *équivoqué* du démon *Bestarbesto?*

XXVIII

POUR SE FAIRE AIMER.

Vous allez dans une prairie avant le soleil levé. Vous attraperez une grenouille avec un linge bien blanc, vous la mettrez dans une petite boîte où vous aurez fait neuf trous. De là, vous allez au pied d'un arbre où il y ait de grosses fourmis, vous faites un trou et vous y mettez votre boîte, vous la recouvrez avec votre pied gauche en disant : *Que tu sois confondue selon mes désirs.*

Et au bout de neuf jours, à la même heure, vous allez chercher votre boîte. Vous y trouverez dedans deux os : un comme une fourche et l'autre comme une petite jambe. Et celui qui est comme jambe, en touchant la personne est pour se faire aimer; et la fourche c'est pour la renvoyer. Et notez que quand vous poserez la boîte et en la retirant, il ne faut pas se retourner.

XXIX

« La rémora, la cervelle de chat et cette peau qui vient sur le front d'un poulain, qu'on appelle *hippomanes*, lorsqu'il vient au monde, ont des qualités si extrêmement chaudes que leur poudre est capable d'exciter une chaleur extrême dans toutes les parties du corps, jusqu'à jeter les personnes dans le délire que l'on appelle *fureur amoureuse* (1).

(1) Voy. sur l'*Hippomanes* et son influence aphrodisiaque, la *Magie naturelle* de J.-B. Porta, liv. II, ch. XXVII. Cette croyance remonte à la plus haute antiquité. Rappelez-vous dans l'Énéide :

Quæritur et nascentis equi de fronte revulsus,
    Et matri præreptus amor....

Dans les Géorgiques :

Hinc demum (Hippomanes vero, quod nomine
            (dicunt
Pastores) lentum distillat ab ingue virus,
Hippomanes, quod sæpe malæ legere novercæ,
Miscerique herbas, et non innoxia verba.

XXX

Vous porterez sur vous ces lettres sur du parchemin vierge :

. H . R . ƎF . S . F . D . G .

XXXI

• Prenez le germe d'un œuf fait du vendredi saint et trois gouttes de sang de votre petit doigt gauche, et mettez cela sur la cendre rouge. Et vous réduirez cela en poudre et en ferez boire ou manger à la fille ou à la femme en disant trois fois : TENTA SORTEM OVIS.

XXXII

• Vous prendrez un rat mâle en vie, et vous le fendrez par le milieu du corps tout vif, et vous en prendrez les deux rognons et vous les porterez sous votre aisselle gauche vingt-quatre heures. Et après, vous les ferez sécher sur une pelle, et vous les réduirez en poudre bien passée que vous mettrez dans du tabac.

XXXIII

POUR VOIR EN DORMANT LA PERSONNE QU'ON ÉPOUSERA.

Ayez du corail pulvérisé, de la poudre de diamant, avec du sang de pigeon blanc, en faire un petit morceau de pâte qu'on enfermera dans une large figue. Après l'avoir enveloppée dans un morceau de taffetas bleu, se la mettre au col et placer sous son chevet une branche de myrte et dire cette oraison :

Kirios clementissime qui Abrahamæ servo tuo dedisti uxorem, et filio ejus obedientissimo, per admirabilem signum indicasti Rebeccam uxorem, indica mihi, servo tuo, quam nupturus sum uxorem, per ministerium tuorum spirituum : BALIBETH, ASSAÏBI, ABUMALITH. *Amen.*

Il faut, le matin, se remettre en l'esprit ce que l'on aura vu. Il faut le répéter trois vendredis de suite. Et si l'on ne voit rien, c'est signe qu'on ne sera pas marié.

Pour une fille, il faut avoir une petite branche de peuplier qu'elle lie d'un ruban de fil blanc avec ses bas de chausse; et après les avoir mis sous le chevet, elle se frottera les tempes du sang de huppe et dira l'oraison ci-dessus, en mettant à la place de *servo tuo*: *ancillæ tuæ quem sim nuptura virum, etc.*

XXXIV

POUR QU'UNE FEMME NE SOUFFRE QUE LE SIEN

Prenez de la graisse de bouc et de son fiel, séchez le tout. Et lorsque vous voudrez vous en servir, prenez de l'huile et le faites tremper et vous en frottez le ...... tout autour. Et elle n'en pourra souffrir d'autre que vous.

— Dans le *Grant Albert* (édit. gothique, s. l. n: d.) : « Pour engarder que une femme ne puisse adultérer avec aucun, coupe de ses cheveulx et respand la pouldre d'iceulx sus *une bière de mort*; mais oings premièrement la bière de miel et puis ayez compaignie d'elle. »

XXXV

AUTRE POUR LE MÊME

Prenez des cheveux de la femme et semez-en la poudre sur .... que vous enduirez de miel et ayez accointance d'elle.

Pour l'en dégoûter, il faut en faire autant de vos cheveux.

— Dans le *Grant Albert* (édit. gothique) : « Il est dit au livre de Cléopâtra, que si la femme ne se délecte point avec son mary, qu'il fault prendre la mouelle du loup du pied senestre, et la porter, et alors elle n'aymera aultre. »

XXXVI

POUR QU'UNE FEMME NE CONÇOIVE

De la corne de cerf pulvérisée mélée avec du fiel de vache ; qu'une femme le mette sur elle, elle ne concevra pas.

— Le *Grant Albert* (édit. gothique), attribue à cette recette un effet tout opposé.

« Quant la femme ne peult concepvoir, prens la corne de cerf pulvérisée et meslée avec fiel de vache ; et prenne cela la femme quant elle est avec son mary. Elle concepvra incontinent. »

Le charme ne pouvait manquer d'opérer dans un sens ou dans l'autre.

XXXVII

POUR SE FAIRE AIMER

X. Chacun vous aimera si vous portez sur vous le cœur d'une hirondelle. Et la femme aimera extrêmement celui qui lui aura donné en breuvage et viande le cœur d'un pigeon mis en poudre.

XXXVIII

Vous prendrez une figue grasse ; ensuite vous prendrez un pigeon blanc en vie, que vous saignerez un vendredi à jeun. Vous tirerez une plume de l'aile dudit pigeon avec laquelle vous écrirez sur un morceau de papier avec le sang, les trois lettres V. C. E.

Puis vous roulerez votre papier que vous mettrez dans ladite figue ; et par dessus le papier, du corail, la grosseur d'une noisette. Puis vous la mettrez sécher au soleil jusqu'à ce qu'elle soit bien sèche. Vous l'envelopperez dans un morceau de taffetas bleu ; puis vous le porterez neuf jours sur votre cœur ; et vous l'oterez le vendredi, puis le mettrez dans votre poche.

Quand vous aurez à parler à quelque fille ou femme, faites-lui toucher, et même faites en sorte — sous prétexte que c'est quelque relique qui vient de bien loin dont on vous a fait présent — qu'elle la baise. Tout autant de filles qui la baiseront, leur amitié sera si forte, que l'on aura de la peine à les séparer de vous.

XXXIX

POUR SE FAIRE AIMER ET REVENIR UNE PERSONNE

Le premier jeudi de la lune croissante, vous achèterez, à l'heure de Vénus, de la cire blanche ou jaune, n'importe, de la verveine, du safran battu, du parchemin vierge, une plume et encre neuves, une petite boîte de sapin blanc, du coton non filé, des épines de citronnier, neuf cierges d'un sol. Prenez le tout sans marchander et payez de la main gauche.

De la cire, vous en formerez la figure de la personne, et cela un vendredi à l'heure de Vénus; et, en maniant la cire pour former votre image, vous direz la conjuration suivante :

Je vous conjure par la vénération que vous avez pour le mystérieux nom de Saint Eschiel, *génie bienfaisant qui préside aux opérations qui se font en ce jour, je vous conjure* Palavoth! Minikenphani! Elkuros! *vous-mêmes,* avec toute la puissance que vous avez, d'écarter et de mettre en fuite les esprits malins et ennemis des bonnes influences et opérations. Faites donc, par cette puissante vertu, que je réussisse dans ce que j'entreprends ou que j'ai dessein d'entreprendre en ce jour consacré à Vénus.

La figure étant faite, vous lui ferez un cœur, puis, avec une épine de citronnier, vous piquerez ce cœur jusqu'au travers du corps en disant : *Ce n'est pas toi que je perce, c'est le cœur, l'âme, le soutien, les cinq sens de nature, de mouvement et d'esprit de N.* (nom et surnom), *et tous ses membres, afin qu'il ne puisse plus faire aucune fonction, ni rester en quelque position que ce soit, qu'il ne soit venu accomplir mon dessein.*

Puis vous pilerez votre verveine dans un mortier de bois, et en la pilant, vous réciterez votre conjuration trois fois de suite. Vous tirerez le jus de votre verveine, vous y mettrez votre safran et un peu de gomme d'Arabie. De cela, vous écrirez sur votre parchemin vierge, le psaume XLIV : *Eructavit*, tout entier. Et quand vous en serez au verset 11 : *Audi filia*, au lieu de *filia*, vous mettrez le nom et surnom de la personne, puis vous continuerez d'écrire votre psaume, pendant lequel temps vous ferez brûler un de vos cierges.

Et quand tout cela sera fait, vous mettrez votre figure de cire dessus du coton dans la boîte, et votre parchemin écrit par dessus. Et pendant neuf jours consécutifs, vous réciterez le psaume *Eructavit*, tenant votre cierge allumé, chaque matin au lever du soleil. Et vous porterez ladite boîte toujours sur vous. Pour que le mal soit toujours aussi violent, vous renouvellerez vos opérations aux mêmes heures et jours qui est dit.

XL

POUR FORCER UNE PERSONNE A VENIR VOUS SATISFAIRE.

Il faut acheter un cœur de mouton sans le marchander, et dire : *Cœur, je* *t'achète Au Nom Des Trois Princes Des Enfers! Et ce n'est pas toi que j'achète, c'est le cœur d'*une telle. — Vous nommez, quand vous les savez, noms et surnoms, et si vous ne les savez pas, vous dites : — *C'est le cœur de celui ou celle dont je veux telle chose.*

Après, vous achèterez un pot à trois pieds vernis, toujours *Au Nom Des Trois Princes Des Enfers,* et un quarteron de sel sans le marchander. A. N. D. T. P. D. E. Vous achèterez pour deux liards d'aiguilles A. N. D. T. P. D. E.; et si on veut vous en donner six, n'en prenez que cinq ; et vous achèterez un demi-litron de farine A. N. D. T. P. D. E., et vous achèterez une pinte de vinaigre sans la marchander, toujours *Au Nom Des Trois Princes Des Enfers.*

Et vous larderez votre cœur avec la première aiguille, en disant : *Cœur, je te larde Au Nom Des Trois Princes Des Enfers, et ce n'est pas toi que je larde, c'est celui de N., afin que tu le tourmentes jour et nuit, et qu'il ne puisse avoir aucun repos, non plus que l'eau qui passe dessous la roue, qu'il n'ait satisfait ma volonté*. Et à chaque aiguille vous dites la même chose; et à la cinquième, vous l'enfoncez à moitié, et vous la cassez dans le cœur avec votre main gauche, et vous jetez ce que vous tenez dans vos doigts par-dessus votre épaule gauche sans regarder derrière vous.

Et quand votre cœur sera dans votre pot, vous y mettrez votre vinaigre, et vous ferez votre pâté. Vous boucherez bien votre pot, afin qu'il n'y ait point de jour, et vous mettrez votre couvercle par-dessus. Et à neuf heures, vous allumerez votre feu et vous mettrez votre pot dessus, qui aille grand train, et le laisserez bien bouillir jusqu'à une heure et un quart, sans vous coucher. Et à minuit, ne vous étonnez pas d'entendre sauter le pot en l'air; mais il ne se cassera pas pour cela. A une heure et un quart, vous le mettrez dans un coin de la cheminée jusqu'à tant que la personne soit venue vous satisfaire. Et après, vous le jeterez dans les lieux.

Ne vous avisez pas de le découvrir dans votre chambre.

XLI

POUR ATTIRER A SOI TELLE PERSONNE QUE VOUS DÉSIREREZ, ET LA RENDRE SOUMISE A VOS VOLONTÉS, SOIT FILLE, HOMME OU FEMME, QUI N'AURONT AUCUN REPOS QU'ILS NE VOUS AIENT SATISFAIT.

Il faut que vous achetiez, un vendredi matin, une aiguillée de soie verte, et la payer avec une pièce d'argent blanc, sans prendre garde à ce que l'on vous rend de votre pièce. Et laquelle soie vous servira à faire trois tours autour de votre petit doigt de la main gauche. Et ce qu'il y aura de reste, vous le couperez et n'aurez par conséquent que les trois tours que vous aviez faits, devant les laisser tout le temps jusqu'à ce vous trouviez une personne qui vous convienne. Et vous aurez une épingle de laiton jaune; et lorsque vous êtes auprès de la personne que vous voulez, vous vous piquez le petit doigt lié et vous appliquez votre sang sur la personne, dans telle place du corps que vous pourrez : soit main, col ou visage ou autre partie du corps que vous pourrez, en disant : *Sang ! je t'applique au nom de* Belzébud *et de* Domon, *à* N., (nommez noms et surnoms de la personne, fille ou femme). — Si c'est une fille : — *Que tu sois plus à moi qu'à ton père et à ta mère.* — Si c'est une femme : — *Que tu sois plus à moi qu'à ton mari. Que le sang de moi N. te soit aussi profitable au corps comme le lait de la mère de Notre Seigneur Jésus-Christ était. Va, pars,* Satan ! *frappe* Rudamont ! *Fais mon contentement à l'heure que je voudrai !* Et taxez l'heure que vous voudrez ; car à l'heure que vous aurez dit, elle ne manquera pas.

Et quand vous serez satisfait de votre désir, vous ôterez la soie d'autour de votre doigt, et vous l'entortillerez autour de l'épingle, en disant ces paroles : Deliatus — Demariatus — et Amortitus. Ces paroles dites, vous toucherez la personne à la main seulement, et lui direz : *Allez-vous-en.* Et si vous voulez la revoir, il ne sera pas nécessaire de la toucher de votre sang ; il faudra seulement entortiller la soie autour de l'épingle (1) et prononcer les paroles ci dessus. Ce qu'il faut faire de temps en temps, afin de contenir les personnes dans la même amitié.

XLII

CONJURATION DE L'ÉTOILE DU BERGER.

Étoile du berger, je te salue ! Étoile, je te salue en l'honneur des trois ROIS : GASPARD, MELCHIOR *et* BALTHAZARD !

Je te conjure, au nom de ces trois grands Rois, au nom et de la part du grand Dieu vivant, qui est ton maître et le mien, que tu ailles trouver UNE TELLE, *et que tu la prennes à son lever et à son coucher, à son boire et à son manger, et à tout quart d'heure de jour et de nuit, jusqu'à ce qu'elle m'accorde ce que je désire, qui est .....*

(1) Erreur du copiste sans doute; c'est *autour du doigt* qu'il faut lire.

Étoile, je te conjure derechef, au nom de toutes les choses heureuses et les plus saintes qu'il y ait au monde :

Cave ! Cave ! Cave !

Ecce enim veritatem dilexisti. Incerta et occulta sapientia tua manifestasti mihi.

Il faut faire cette conjuration trois fois, et faire attention, quand on la dit, de regarder bien fixement l'Étoile tout le temps de votre prière, et que ce soit à la fin du jour.

Il faut aller à la messe le premier vendredi du mois, et continuer les deux suivants, et que ce soit à la première Eglise que vous trouverez. Et faites l'aumône, et priez Dieu pour les âmes du Purgatoire et pour les enfants morts-nés. Et ne manquez pas de prier Dieu tous les jours.

XLIII

POUR FAIRE REVENIR UNE PERSONNE ABSENTE

Vous achèterez un poulet noir sans

marchander, et, en l'achetant, vous direz : *Poulet, je t'achète pour faire un sacrifice de ta vie à Jésus-Christ.*

Étant arrivé dans votre chambre, vous allumerez du feu avec du charbon dans un réchaud. Le feu étant allumé, vous prendrez ledit poulet et le fendrez par le milieu du ventre avec un couteau, et ferez en sorte que le sang tombe dans le feu. Remarquez qu'en le tuant il faut dire : *Créature, je fais un safice de ta vie à Notre Seigneur Jésus-Christ, afin que* TEL (OU TELLE) *vienne et satisfasse à ma volonté, et je prends ton cœur pour forcer celui (ou celle) que je veux faire venir.* Ayant le cœur du poulet à la main, vous dites : *Au nom de Jésus-Christ ! en holocauste je te perce pour contraindre et forcer* UN TEL (CU UNE TELLE), *dont j'arrête les cinq sens de nature, qu'il ne repose en tel lieu qu'il puisse être, qu'il ne dorme ni jour ni nuit qu'il ne me soit revenu. Que tu sèches comme le figuier a séché par le commandement de Jésus-Christ ; et que tu souffres comme Jésus-Christ a souffert sur l'arbre de la croix! Que cela soit dans neuf jours!*

. . . .

A chaque clou de girofle, dont vous percerez le cœur, vous ferez avec les clous le signe de la croix avant de les enfoncer, et vous direz à chaque comme ci-devant.

Notez qu'en tuant le poulet, il faut écrire avec le même sang le nom et le surnom de la personne sur un petit morceau de papier.

Quand vous aurez arrangé le cœur, vous l'envelopperez dans le papier. Vous aurez un petit pot neuf avec son couvercle ; vous mettrez le cœur dedans avec de l'eau et le ferez bouillir en trois reprises différentes. Vous y jeterez cinq gouttes de vinaigre, en disant : *Ainsi soit-il, comme il est vrai que Jésus-Christ a goûté du vinaigre sur l'arbre de la croix, avant de rendre l'esprit!*

Ensuite vous retirerez le caractère que vous aurez mis dans le pot, avec la main droite, et vous aurez le genou gauche à terre. Vous l'envelopperez avec le même papier et le pendrez à la cheminée, et la personne reviendra (1).

XLIV

POUR SE FAIRE SUIVRE D'UNE PERSONNE

Prenez pour deux sous d'*adragante* en poudre, que l'on trouve chez les apothicaires, et la mettez dans la main de la personne dont vous voulez être suivi.

Après que vous aurez eu cette poudre, vous ferez sortir du petit doigt de votre main gauche trois gouttes de sang, de façon que la poudre soit trempée dudit sang. Et il faut que cela se fasse à jeun, le premier vendredi de la lune croissante.

Et si on peut faire boire ou manger cette drogue à la personne, ce n'en sera que mieux; et il faut que celui ou celle qui le fait soit à jeun.

---

(1) Cette opération n'est pas claire. Nous avons, ici comme partout, scrupuleusement reproduit notre manuscrit; mais, par la faute du copiste sans doute, il y a évidemment une lacune à l'endroit ponctué.

Pour vous en défaire, mettez de la salive dans votre main.

XLV

POUR EMPÊCHER DE CONCEVOIR OU FEMME OU FILLE

Si vous mettez sur une femme de la fiente de lièvre, elle ne concevra pas, tant qu'elle restera sur elle.

De même si une femme boit du sang de bélier ou du sang de lièvre.

— Dans le *Grant Albert* (édition gothique, s. l. n. d.) :
« On dit que, si les dens d'ung enfant qui tombent sont pendues, devant que toucher à terre, sus les femmes, elles les engardent de concepvoir et enfanter.

« Il est dit au livre de Cléopatra que, quant une femme par (prend ?) tous les moys de l'urine d'une mulle deux poix (fois ?) et le boit, elle ne concoipt point. »

XLVI

POUR ROMPRE UN CHARME D'AMOUR

Si une femme a donné quelque charme à un homme pour se faire aimer et qu'il veuille s'en défaire, il prendra sa chemise par la têtière et par la manche droite et pissera au travers. Aussitôt il sera délivré du maléfice.

— Dans le *Grant Albert* (édition gothique) :
« Si aucune femme t'a enchanté en son amour, prens sa chemise et pisse dehors par la teste de celle chemise et par la manche dextre aussi ; et tu ne feras plus contre (rencontre ?) d'elle.

XLVII

POUR FAIRE QUERELLER DEUX AMANTS

La verveine prise le soleil étant en *aries*, avec de la graine de pivoine d'un an ; si la poudre est mise entre deux amants, aussitôt ils auront querelle.

XLVIII

POUR FAIRE DANSER UNE FILLE

Il faut mettre sous le seuil de sa porte

ce qui suit, écrit du sang de chauve-souris :

s	a	t	o	r
a	r	e	p	o
t	e	n	e	t
o	p	e	r	a
r	o	t	a	s

— Dans le *Grant Albert* (édition gothique) :

« *Lumignon, pour faire danser et saulter, et sortir hors du sens, de grant joye, et mesmement les femmes.*

Prens du sain de lièvre, de celuy d'ung oiseau nommé *Solon*, semblant à la turtre (tourterelle) et mets du lumignon (une mèche) là dedans, et allume au milieu de la maison où sont ceulx qui dansent et chantent et tu veoiras merveilles. Cela est approuvé. »

— Dans le *Trésor des émerveillables*

secrets du Petit Albert (édition de Genève, 1675) :

POUR FAIRE DANSER UNE FILLE NUE EN CHEMISE

Prenez de la marjolaine sauvage, de la franche marjolaine, du thym sauvage, de la verveine, des feuilles de myrte, avec trois feuilles de noyer et trois petites souches de fenouille, tout cela cueilli la veille de la saint Jean, au mois de juin, avant soleil levé. Il faut les faire sécher à l'ombre, les mettre en poudre et les passer au fin tamis de soie. Et quand vous exécutez ce joli badinage, il faut souffler de cette poudre en l'air dans l'endroit où est la fille, en sorte qu'elle la puisse respirer, ou lui en faire prendre à guise de tabac, et l'effet suivra de près. Un fameux auteur ajoute que l'effet sera encore plus infaillible, si cette expérience gaillarde se fait dans un lieu où il y ait des lampes allumées avec de la graisse de lièvre et de jeune bouc.

XLIX

POUR SAVOIR EN DORMANT CELUI OU CELLE QU'ON ÉPOUSERA

Le premier vendredi de chaque mois,

si c'est un garçon il mettra le pied droit nu, et prêt à se mettre au lit et dira trois fois : *Je pose mon pied sur l'antibois, je prie Dieu, la bonne Vierge Marie, le bon ange saint Michel et saint Jean-Baptiste de me faire voir en dormant celle que j'épouserai en mon vivant. Au nom du Père* ✠ *et du Fils* ✠ *et du Saint-Esprit* ✠. *Amen.*

L

POUR ÊTRE FAVORISÉ DE QUELQU'UN

Il faut dire pendant neuf jours, le matin avant le soleil levé, le psaume 86 : *Fundamenta ejus*, et former ce caractère et le nom de la personne avec le sang et plume de pigeon, sur un morceau de peau de chevreau, à l'heure et jour de Vénus ; et le liez autour de votre bras droit et tâchez de toucher de cette main la personne de qui vous voulez avoir quelque chose.

AAHIEL.   AAHIEL.   AAHIEL.

 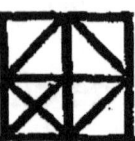  

Je te conjure, moy, N.., ange AAHIEL *!*
Par la force et puissance de ton nom
et caractère que je porte, moy N.., et
par la vertu de ce psaume que je dis,
qu'elle me soit propice et favorable et
que j'obtienne ce que je désire et ce que
je veux de telle personne (noms et sur-
noms).

LI

POUR L'AMOUR

Vous cueillerez le jour de la fête de saint Jean-Baptiste, avant le soleil levé, de la graine de plantain que vous pulvériserez et mettrez dans un tuyau de plume d'oie avec deux gouttes d'eau bénite, et étoupez le tout de cire vierge d'un cierge bénit. Qui le portera sur soi sera aimé de toutes, et ce qu'il demandera lui sera accordé.

LII

POUR SAVOIR LE SECRET D'UNE FILLE

Pour faire dire à une fille ce qu'elle a

de secret, pendant qu'elle dort, mettez-lui le cœur d'un crapaud sur la mamelle.

— Dans le *Grant Albert* (édit. gothique, s. d.)
« Si tu veux que une femme ou pucelle te raconte tout ce qu'elle pourra avoir fait au précédent, prens le cueur de la columbe et la teste d'une grenoille et mets tout en pouldre seiche sus l'estomac du dormant et il narrera tout ce qu'il aura faict; et quand il se esveillera, torche son estomac et pour cause. Et disent que si on met l'aimant sous la teste de la femme qui dort, elle manifeste son adultère, car elle tombe du lict toute espoventée, et s'elle est bonne et chaste, elle embrasse son mary. »

LIII

POUR CONNAITRE SI UNE FILLE EST VIERGE

Pulvérisez les jaunes qui sont entre les fleurs de lys, donnez à manger de cette poudre. Si une fille n'est pas vierge, elle ne pourra tenir son urine.

L'ambre jaune ou blanc dont on fait des colliers et des chapelets, produit le même effet.

— Dans le *Grant Albert* (édit. gothique, s. l. n. d.).

« Pour sçavoir si ta femme gist avecques aucun amoureux, prens une pierre nommée *galerites*, et est d'une double couleur noire et jaune. Elle cure ydropisie et conferme le ventre. Et, dit Avicenne, que se ceste pierre est brisée et soit donnée à une femme à laver, qu'elle urinera incontinent s'elle n'est vierge, et au contraire non. »

LIV

POUR BROUILLER DES AMANTS

Si on met dans le soulier de l'amant l'excrément de l'aimée, quand il en aura l'odeur l'amour se perd.

LV

POUR ÊTRE VAILLANT EN AMOUR

Il faut prendre des racines de *saty-*

rion pignon, de l'anis vert, de la roquette, égale partie de chacun ; ajoutez-y un peu de musc, composition de la cervelle de passereau et de l'herbe appelée *langue d'oiseau*, autrement *ornythoglossum*, avec un peu de mouches cantharides. Faites confire le tout dans du miel purifié. Prenez-en tous les matins pendant huit jours à jeun, le poids d'un drachme et ensuite tous les jours le poids d'un denier. Et usez à vos repas de pois-chiches, de carottes, d'oignons et de la roquette en salade. Manger de l'anis et coriandre, des pignons et boire un verre d'eau d'ortie à tous les repas.

LVI

PHILTRE POUR L'AMOUR

On prendra un cœur de colombe, un foie de passereau, la matrice d'une hirondelle, un rognon de lièvre ; on les réduira en poudre impalpable et la personne qui composera le philtre ajoutera partie égale de son sang séché et pulvérisé de même. Si on fait avaler deux ou trois fois la dose d'un drachme de cette poudre à la personne qu'on veut induire à l'amour, on verra un merveilleux succès.

Les gens de bien ne se servent point de ces philtres amoureux à mauvais usage, car ce serait contre la bonne intention des sages cabalistes, qui ne les ont laissés dans leurs écrits que pour contribuer au bien de la société et non pas pour la troubler. De sorte que l'on ne doit s'en servir qu'entre mari et femme pour rendre le mariage heureux par l'amour mutuel des deux parties.

LVII

POUR L'AMOUR

Le premier vendredi de la nouvelle lune, il faut avoir un couteau neuf et aller dans un lieu où il y aura de la verveine. Vous vous mettrez à genoux, la face tournée vers le soleil levant, et, coupant ladite herbe avec le couteau, vous direz ces paroles :

SARA EXQUINA SAFOS.

Je te cueille, herbe puissante, afin que tu me serves à ce que je voudray. Puis, vous vous lèverez sans regarder derrière vous.

Etant dans votre chambre vous la ferez sécher. Il faut avoir un cœur de moineau, un cœur de poulet, un cœur de pigeon et du sang de lièvre, le tout dans un vaisseau propre et net, et faire sécher le tout ; et estant bien sec vous le réduirez en poudre, et à la personne que vous souhaitez, faites boire ou manger de cette poudre.

Observez que si c'est un homme il faut donner des cœurs mâles, et à une femme des femelles.

LVIII

POUR GARANTIR DU COCUAIGE

Prenez le bout de la verge d'un loup, le poil de ses yeux, celui qui est à la queue en forme de barbe ; réduisez en poudre par calcination et le faites avaler à votre femme sans qu'elle le sache. Elle sera fidèle.

La moelle de l'épine du dos d'un loup a le même effet.

LIX

AUTRE CONJURATION DE L'ÉTOILE DU BERGER

Je te conjure, Étoile lumineuse, flamboyante et amoureuse! Je te salue, la sainte d'Orient, semblable à celle qui parut à saint Léonard, lorsqu'il monta au ciel.
TALIY. TALIY. TALIY.
Je te conjure, au nom du grand Dieu vivant, que tu ailles, étincelante, sur UNE TELLE, *afin qu'elle soit forcée de faire ma volonté, qui est.........*

Cette conjuration se fait les trois premiers vendredis du mois, à onze heures et demie du soir.

LX

POUR EMPÊCHER LE DIVORCE

Prenez deux cailles, un mâle et une femelle, et faites porter à l'homme le cœur du mâle et à la femme le cœur de la femelle ; et nul ne pourra les faire haïr, telle magie que l'on veuille leur faire.

LXI

POUR EMPÊCHER LA COPULATION

Avec un canif neuf, un samedi, écrivez derrière la porte de la chambre où couchent les personnes : *Consommatum est* ; et rompez la pointe du canif dans la porte.

LXII

POUR VOIR EN DORMANT CELUI OU CELLE QUE L'ON ÉPOUSERA

Il faut, la veille des Rois, prendre trois feuilles de laurier, sur l'une vous écrirez GASPAR, sur l'autre MELCHIOR et sur la troisième BALTHASAR, puis vous mettrez ces feuilles sous le chevet de votre lit en croix, savoir, que Melchior croise sur Gaspar et sous Balthazar.

En vous couchant, vous direz trois fois : *Gaspar, Melchior et Balthazar, je vous prie de me faire voir en dormant celle (ou celui) que je pourrai avoir en mon vivant,* ✠ *au nom du Père* ✠ *et du Fils* ✠*, et du Saint-Esprit, Amen.* Et vous ferez les trois signes de croix.

LXIII

POUR FAIRE REVENIR UN AMANT

Vous achèterez un fagot sans le marchander, un cœur de mouton, sept aiguilles, sept épingles, sept clous; et chaque chose que vous achèterez vous direz à chaque fois : *Je t'achète au nom des trois Princes des Enfers qui sont* : Lucifer, Belzebud, Astharoth ; *et ce n'est pas toi que j'achète, c'est le cœur, le sang et les entrailles, le mouvement et les cinq sens de nature d'*un tel*, pour qu'il ait en 24 heures à me venir trouver sans tarder; et qu'il ne puisse ni boire, ni manger, ni vivre ni jour ni nuit, ni dormir, ni aller, ni venir, ni cheval* *monter, ni maison habiter, ni chemin traverser, ni rivière passer, ni à aucune créature parler, ni aucune chose faire, qu'il ne soit venu me trouver.*

En mettant vos aiguilles et vos clous, vous dites de même et vous baptiserez votre fagot au nom de Lucifer, Astharoth, Belzebud. Et à onze heures du soir, vous allumerez votre fagot en disant : *Fagot, je t'allume au nom des trois Princes des Enfers, qui sont témoins de ce que je fais, pour que* un tel *vienne présentement, et qu'il n'ait aucun repos non plus que la chaleur qui te brûle.*

Et vous ferez une procession à rebours, avec le fagot allumé. En allant vous direz : *Toi,* Belzébuth, *c'est pour l'amour de toi que j'allume ce fagot et que je brûle ce cœur ! Je te conjure par les puissances infernales, que tu aies à me servir, à tourmenter* un tel, *pour qu'en 24 heures il soit en ma présence aussi fidèlement et aussi ponctuellement que* Michael *a foudroyé* Lucifer *dans le profond des abîmes! Grand Dieu, qui vois ma juste de-*

mande, donne la force et la puissance à ce fagot et à ce cœur de faire venir UN TEL aussi véritablement que Judas est parti après la Cène pour aller trouver le Prince des Prêtres pour vendre et trahir Notre Seigneur Jésus-Christ. Et vous direz *Pater* et *Credo* à rebours.

LXIV

POUR RÉTRÉCIR

Il faut faire une décoction de la grande consoude, s'en laver trois ou quatre jours après les …… et huit jours avant. Il ne faut que sept ou huit jours, de peur qu'il ne devienne trop étroit.

LXV

POUR FAIRE AVOUER A UNE FEMME

On prendra une grenouille d'eau en vie, on lui arrachera la langue, ensuite on la remettra dans l'eau ; l'on appliquera cette langue sur le cœur de la femme lorsqu'elle dormira, et elle répondra à toutes les questions qu'on lui fera.

LXVI

POUR L'IMPUISSANCE

Prenez une demi-once de graine de roquette, un gros de poivre, une demi-once de cannelle, autant de gingembre, un gros et demi de borax, un demi-gros de queues de *stines*, qui sont de petits animaux qui ressemblent à des crocodiles, six cantharides dont on aura ôté les ailes de dessous. Piler le tout, y ajouter une once de sucre candi. Avant de se coucher, prendre un demi-gros de cette poudre dans un demi-septier de lait.

LXVII

POUR EMPÊCHER DE CONCEVOIR

Envelopper de la graine de vinette dans un morceau de drap, l'appliquer sur la tempe d'une femme ; elle ne concevra pas tant qu'elle y sera.

LXVIII

CONTRE LES SONGES AMOUREUX

Une petite lame de plomb, appliquée sur l'estomac, sert de remède contre les amoureuses inquiétudes et empêche que l'amour se mêlant parmi nos songes, ne travaille nos corps en dormant.

LXIX

POUR LA V.....

Le regard d'un petit oiseau nommé *rupex*; un homme entaché de la v..... recouvre guérison.

LXX

POUR NOUER L'AIGUILLETTE

Ayez la verge d'un loup nouvellement tué ; et, étant approché de la porte de celui que vous voudrez lier, vous l'appellerez par son nom propre et, dès qu'il aura répondu, vous lierez la dite verge avec un lacet de fil blanc.

Pour se garantir, il faut porter sur soi l'œil d'une belette enchâssé dans un anneau.

LXXI

Vous rendrez un homme impuissant si vous lui faites avaler des vers qui luisent la nuit.

LXXII

POUR DÉNOUER L'AIGUILLETTE

Mettez du vif argent dans un chalumeau de paille ; et que l'on mette ce chalumeau sous le chevet du lit du maléficié.

— Pour le cas où les deux époux subiraient ensemble l'influence du même maléfice, le *Petit Albert* indique un remède au moins singulier : Le mari devra lâcher son urine à travers l'anneau nuptial tenu par la femme. (Voy. les *Curiosités des sciences occultes*, par le bibliophile Jacob, p. 381 et suiv.)

Ici s'arrête le manuscrit des *Secrets magiques pour l'amour*. Avant de passer aux extraits divers qui forment le complément de ce petit recueil, nous donnerons, en manière de résumé, le chapitre de la *Philosophie occulte* de Corneille Agrippa :

DE CE QUI DÉPEND DE VÉNUS.

« Entre les éléments, l'air et l'eau dépendent de Vénus; entre les métaux, l'argent et le cuivre; entre les pierres, le béril, la chrisolithe, l'émeraude, le saphir, le jaspe vert, la cornaline, la pierre *aërites*, le *lapis-lazuli*, le corail; entre les plantes, la verveine, la violette, le cheveu-de-vénus, l'herbe *lucia* ou valériane, le thym, l'ambre, le sandal, le coriandre, et toutes les sortes de parfums et de fruits délectables et doux comme les oranges que Vénus, au dire des poètes, aurait semées la première en Chypre. Les roses du matin lui sont consacrées, ainsi que le myrte du soir.

« Entre les animaux, ceux qui sont luxurieux et ardents au plaisir comme les chats, les lapins, particulièrement le bouc, plus prompt à engendrer que les autres animaux et qui cohabite, dit-on, dès le septième jour de sa naissance; le taureau, à cause de sa prestance, et le veau, à cause de sa lasciveté. Entre les oiseaux, le cygne, le hoche-queue, l'hirondelle, le pélican et la *chenalopex* ou oie sauvage, la colombe, la tourterelle et le passereau. Les Egyptiens appellent aussi l'aigle Vénus, pour ce qu'elle est fort chaude et que, quand bien même elle aurait souffert le mâle trente fois en un jour, si elle entend le cri d'un autre mâle, elle accourt aussitôt. Parmi les poissons, appartiennent à Vénus les grues lubriques, les sargets lascifs, la *merula*, à cause de sa tendresse pour ses petits; le cancre, qui combat pour sa femelle, et le *tithymallus*, à cause de son odeur suave et pénétrante. »

QUELQUES

AUTRES SECRETS

POUR L'AMOUR

Extraits du *Grand* et du *Petit* ALBERT.

LXXIII

Les vertus des sept herbes, selon l'empereur Alexandre, ont les propriétés des influences des planètes :

La septieme herbe, l'herbe de Venus, est dite *Pysterion*, et à aucuns *Hyeraboram*, c'est à sçavoir *Columbaire* ou *Vervène*. Sa racine, mise sur le col, guarist des escrouelles, parocides, bubones et distillation de l'urine. Elle guarist les scissures et duretés qui naissent au … et esmoroïdes. Si on boit son jus avecques du miel cuit en eau, elle subtillise ce qui est au poulmon et faict bonne allaine. Elle vault fort aussi en luxure, car son jus augmente moult la semence. Sa plus grande vertu est que si aulcun la porte, il est fort puissant à son désir vénérien; mais qu'il ne tienne aultre chose sinon ceste herbe seulement.

(Le *Grant Albert*. Livre I, *Des vertus d'aulcunes herbes*.)

LXXIV

Pour engendrer amour entre deux personnes, prens une pierre nommée *Echites* ou *Aquileus*, pour les aigles qui les ont en leurs nids. Elle est de pourpre couleur et est trouvée ès rivages de la mer Océane et aulcunes fois en Perse; et toujours en soy contient une aultre pierre qui sonne quant on y touche. Dient les anciens philosophes que cette pierre portée au bras senestre concilie l'amour entre l'homme et la femme. Elle vaut aux femmes qui enfantent pour les garder d'avorter.

(Le Grant Albert. Livre II, *Des vertus d'aulcunes pierres.*)

LXXV

POUR L'AMOUR

Vivez chastement au moins cinq ou six jours, et le septieme, qui sera un vendredi, mangez et buvez des aliments de nature chaude qui vous excitent à l'amour, et quand vous vous sentirez dans cet état, tachez d'avoir une conversation familière avec l'objet de votre passion et faites en sorte qu'elle vous puisse regarder fixement, et vous elle, seulement l'espace d'un *Ave Maria*; car les rayons visuels se rencontrant mutuellement, seront de si puissants véhicules de l'amour, qu'ils pénètreront jusqu'au cœur, et la plus grande fierté et la plus grande insensibilité ne pourront leur résister.

(*Le solide trésor des merveilleux secrets de la Magie naturelle du* Petit Albert.)

LXXVI

POUR ENTRETENIR L'AMOUR

Il ne suffit pas à l'homme de se faire aimer de la femme passagèrement et pour une fois seulement, il faut que cela continue et que l'amour soit indissoluble. Vous prendrez donc à cet effet la moëlle que vous trouverez dans le pied gauche d'un loup, vous en ferez une espèce de pommade avec de l'ambre gris et de la poudre de Chypre. Vous porterez sur vous cette pommade et vous la ferez flairer de temps en temps à la femme, qui vous aimera de plus en plus. *(Ibidem.)*

LXXVII

CONTRE LE CHARME DE L'AIGUILLETTE NOUÉE

Nos anciens assurent que l'oiseau que l'on nomme pivert est un souverain remède contre ce sortilége si on le mange rôti, à jeun, avec du sel bénit.

Si on respire la fumée de la dent brûlée d'un homme mort depuis peu, on sera pareillement délivré du charme. (*Ibid.*)

LXXVIII

POUR CONNAITRE SI UNE FILLE EST VIERGE

Ayez une aiguillée de fil blanc, mesurez avec ce fil la grosseur du cou de la fille, puis vous doublerez cette mesure et vous en ferez tenir les deux bouts à la fille avec ses dents, et vous étendrez la dite mesure pour faire passer sa tête dedans. Si la tête passe trop aisement, la fille a été corrompue; si elle n'y passe qu'à peine, assurez-vous qu'elle est vierge. (*Ibidem.*)

LXXIX

POUR L'AMOUR

Il y a le secret que l'on appelle *pommes d'amour*; il se pratique de cette manière: Vous cueillerez, un vendredi matin, avant le soleil levé, la plus belle pomme que vous pourrez trouver; puis vous écrirez de votre sang, sur un morceau de papier blanc, votre nom et le nom de la personne dont vous voulez être aimé. Vous aurez trois de ses cheveux que vous joindrez avec trois des vôtres, dont vous lierez ce petit billet avec un autre sur lequel il n'y aura que le mot de SCHEVA aussi écrit de votre sang. Puis vous fendrez la pomme, et, au lieu des pepins, vous introduirez vos billets liés des cheveux ; et, avec deux petites brochettes de myrthe vert, vous rejoindrez les deux moitiés. Vous ferez bien sécher cette pomme au four, en sorte qu'elle devienne dure, puis vous l'envelopperez de feuilles de laurier et de myrthe, et la placerez secrètement sous le chevet du lit où couche la personne aimée, et, en peu de temps, elle vous donnera des marques de son amour. *(Ibidem.)*

LXXX

On peut aussi réussir avec beaucoup de succès dans les entreprises d'amour.

POUR L'AMOUR

par le secours des talismans faits sous la constellation de Vénus. Ces talismans ont été composés par les plus sages cabalistes, et sont dressés sur des nombres mystérieux et des figures hiéroglyphiques convenables aux planètes d'où ils tirent leurs propriétés.

Le talisman de VÉNUS doit être formé sur une plaque ronde de CUIVRE bien purifié et poli. On imprimera sur un de ses côtés le nombre mystérieux de cent septante-cinq, distribué en sept lignes, comme il est ici marqué :

22	17	16	41	10	35	4
5	23	48	17	42	11	29
30	6	24	49	18	36	12
23	31	7	25	43	19	37
38	14	32	1	26	44	20
21	39	8	33	2	27	45
46	15	40	9	34	3	28

Et de l'autre côté on imprimera la figure hiéroglyphique de la planète, qui sera une femme lascivement vêtue, ayant à sa droite un petit Cupidon tenant un arc et une torche enflammée, et la femme tiendra dans sa main un instrument de musique comme une guitare, et au-dessus de sa tête une étoile brillante avec ce mot vénus. L'impression se fera, dans le moment que l'on aura prévu que la constellation de Vénus sera en bon aspect avec quelque planète favorable, la lune étant entrée au premier degré du signe de *Taurus* ou de *Virgo*.

L'opération étant finie, vous envelopperez le talisman dans un morceau d'étoffe de soie verte. Et celui qui portera avec révérence ce talisman, peut s'assurer d'avoir les bonnes grâces de tous ceux qu'il voudra, et d'être aimé ardemment tant des femmes que des hommes. (*Ibidem.*)

LXXXI

Pour construire d'autres talismans

avec les caractères que les anciens cabalistes ont appropriés aux sept planètes, on se servira des plaques de même métal dont on a parlé ci-devant, et on commencera l'opération aux heures et moments convenables aux benignes influences. Sur un des côtés de la plaque on imprimera, en forme de carré, les caractères suivants pour *Vénus* :

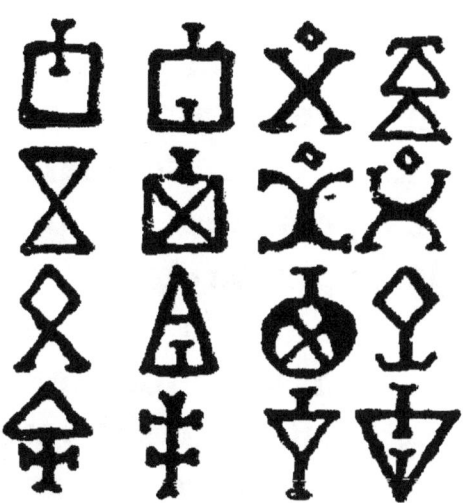

On pourra graver sur l'autre côté de la plaque les figures hiéroglyphiques dont nous avons parlé, et on éprouvera de merveilleux effets.

(*Ibidem.*)

LXXXII

TALISMANS POUR L'AMOUR

Extrait du livre III de La Sacrée Magie que Dieu donna à Moïse.

(Arsen. Ms. n° 79.)

A la sollicitation et par le moyen des Esprits on obtient l'amour et la faveur des personnes en cette manière : on nomme les personnes en prenant ou portant le signe ou talisman de leur condition comme ils sont figurés ci-après, ou bien vous toucherez la personne avec le talisman s'il vous est possible, ou bien encore on enterre ces signes sous les portes, sous les degrés, sous les chemins par où passent les personnes, dans leurs lits, dans leurs chambres, etc...... Pour écrire lesdits signes, il ne faut pas de préparation particulière de plume, d'encre, de papier, ni élection de jour particulier, ni autres circonstances que les faux magiciens enchanteurs du diable font accroire, il suffit qu'ils soient bien écrits avec quels que soient encre et plume et papier.

POUR TOUTES SORTES D'AFFECTION ET D'AMOUR

D	O	D	I	M
O				
D				
I				
M				

POUR ÊTRE AIMÉE DE SON ÉPOUX

R	A	I	A	H
A				
I	G	O	G	I
A				
H	A	I	A	H

POUR ÊTRE AIMÉ D'UNE PARENTE

M	O	D	A	H
O	K	O	R	A
D	O			
A	R			
H	A			

POUR ÊTRE AIMÉ D'UNE FILLE EN PARTICULIER

S	I	C	O	F	E	T
I						
C	E	N	A	L	I	F
O	R	A	M	A	R	O
F						
E						
T						

POUR SE FAIRE AIMER D'UNE MARIÉE

C	A	L	L	A	H
A					
L	O	R	A	I	L
L					
A	G	O	U	P	A
H	A	L	L	A	C

POUR SE FAIRE AIMER D'UNE VEUVE

E	L	E	M
L			
E			
M			

POUR SE FAIRE AIMER D'UNE FIANCÉE

N	A	Q	I	D
A	Q	O	R	I
Q	O	R	O	Q
I	R	O	Q	A
D	I	Q	A	N

POUR SE FAIRE AIMER D'UNE FILLE VIERGE EN GÉNÉRAL (*)

S	A	L	O	M
A	R	E	P	O
L	E	M	E	L
O	P	E	R	A
M	O	L	A	S

(*) Comparez ce talisman avec celui donné plus haut : « *Pour faire danser une fille nue* ». L'analogie est telle, que l'un ne peut être que la corruption de l'autre.

POUR LES ADULTÈRES EN GÉNÉRAL

	C	A	T	A	N
A					
T					
A					
N					

LXXXIII

ÉPILOGUE

Avant de fermer le livre, ami lecteur, chassons ces miasmes et dissipons ces cauchemards à l'aide d'un parfum *ejusdem virtutis* dont nous empruntons la recette au *Petit Albert*.

PARFUM DU VENDREDI

Sous les auspices de Vénus.

Ce parfum doit être de musc, d'ambre gris, de bois d'aloës, de roses sèches, de corail rouge ; pulvérisez toutes ces drogues et les incorporez ensemble avec du sang de colombe ou de tourterelle et de la cervelle de deux ou trois passereaux. Vous en ferez une pâte, et de cette pâte vous en formerez de petits grains, pour vous en servir dans les occasions quand ils seront bien secs.

**FIN DES SECRETS MAGIQUES
EN NOMBRE
DE OCTANTE ET TROIS**

APPENDIX

C. PLINII SECUNDI

De venerem stimulantibus vel coercentibus excerpta.

I. Hippocrates capitis mulierum defluvia fricari raphanis, et super umbilicum imponi, contra tormenta vulvæ. Semen quoque ex aqua impositum.... Democritus venerem hoc cibo stimulari putat. (l. xx, c. iv.)

II. — Orpheus amatorium inesse staphylino dixit, fortassis quoniam venerem stimulari hoc cibo certum est : ideo conceptus adjuvari aliqui prodiderunt. (l. xx, c. v.)

III. — *Tostus porrus editur. Venerem stimulat, sitim sedat, ebrietates discutit.... Hippocrates vulvasque contractas aperiri putat: fecunditatem etiam feminarum hoc cibo augmentari.* (l. xx, c. vi.)

IV. — *Allium venerem quoque stimulat, cum coriandro viridi tritum, potumque e mero* (Ibid.)

V. — *Scincus, quem quidam terrestrem crocodilum esse dixerunt.... rostrum ejus et pedes in vino albo poti, cupiditates veneris accendunt: utique cum satyrio et erucæ semine, singulis drachmis omnium, ac piperis duabus admixtis, ita ut pastilli singularum drachmarum bibantur: per se laterum carnes obolis binis cum myrrha et pipere pari modo potæ, efficaciores ad idem creduntur.* (l. XXVIII, c. XXX).

VI.—Coïtus stimulat fel aprugnum illitum : item medullæ suum haustæ; sevum asininum, anseris masculi adipe admixto illitum. Item a coïtu equi Virgilio quoque descriptum virus, et testiculi equini aridi, ut potioni interi possint : dexterve asini testis in vino potus, vel adalligatus brachiali. Ejusdem a coïtu spuma collecta roseo panno, et inclusa argento, ut Osthanes tradit. Salpe genitale in oleum fervens mergi jubet septies, eoque perungi pertinentes partes. Bialcon cinerem ex eodem bibi, vel tauri a coïtu urinam, lutoque ipso illini pubem. At e diverso muris fimo

illito cohibetur virorum venus.
(l. xxviii, c. lxxx.)

VII. — Venerem in totum adimit, nymphæa heraclia.... Illita quoque radix genitalibus, inhibet non solum venerem sed et affluentiam geniturœ, ob id corpus alere vocemque dicitur.

Appetentiam veneris favet radix e xiphio superior, data potu in vino. Item quam crethmon agrion appellant : et horminos agrios, cum polenta contrita.

Sed inter pauca mirabilis est orchis herba : sive serapias, foliis porri, caule palmeo, flore purpureo, gemina radice testiculis simili: ita ut major ex aqua pota excitat libidinem : minor, e lacte caprino inhibeat...

Grœci satyrion tradunt... venerem, etiamsi omnino manu te-

neatur radix, stimulari : adeo si bibatur in vino austero. Arietibus quoque et hircis segnioribus in potu dari. Et a Sarmatis, equis ob assiduum laborem pigrioribus in coïtu... In totum quidem Græci, quum concitationem hanc volunt significare, satyrion appellant... Tithymali quoque ramorum medullam habentes, ad venerem proniores fieri dicuntur. Prodigiosa sunt, quæ circa hoc tradidit Theophrastus, auctor alioqui gravis, septuageno coïtu durasse libidinem contactu herbæ cujusdam, cujus nomen genusque non posuit (l. XXVI, C. LXI-LXIII.)

VIII. — Sextius venerem accendi cibo salamandrarum, si detractis iteraneis, et pedibus, et capite, in melle serventur, tra-

dit : negatque restingui, ignem ab iis. (l. XXIX, c. XXIII.)

IX. — *Helenium ab Helena, ut diximus, natum, favere creditur formæ : cutem mulierum in facie reliquoque corporis nutrire incorruptam. Præterea putant usu ejus quamdam gratiam iis veneremque conciliari.* (l. XXI, c. XCI.)

X. — *In urina virili lacerta necata, venerem ejus qui fecerit inhibet; nam inter amatoria esse Magi dicunt : Inhibet et fimum cochleæ et columbinum cum oleo et vino potum. Pulmonis vulturini dextræ partes venerem concitant viris adalligatæ gruis pelle. Item si lutea ex ovis quinque columbarum, admixto adipis suilli denarii pondere, ex melle sorbeantur. Passeres in cibo vel ova eorum. Gallinacei dexter testis arietina pelle adalligatus. Ibium cineres cum adipe anseris et irino perunctis, si conceptus sit, partus continere : contra inhiberi venerem pugnatoris galli testiculis anserino adipe illitis adalligatisque pelle arietina tradunt. Item cujuscumque galli gallinacei, si cum sanguine gallinacei lecto subjiciantur. Cogunt concipere invitas setæ ex cauda mulæ, si junctis evellantur, inter se colligatæ in coitu. Qui in urinam canis suam ingesserit, dicitur ad venerem pigrior fieri. Mirum et de stellionis cinere (si verum est) linamento involutum in sinistra manu venerem stimulare; si transferatur in dextram, inhibere. Item vespertilionis sanguinem collectum flocco, suppositumque capiti mulierum, libidinem movere; aut anseris linguam in cibo vel potione sumptam.* (l. xxx, c. XLIX.)

XI. — Venerem inhibet echeneis, et hippopotami frontis e sinistra parte pellis in agnina adalligata, felve torpedinis vivæ genitalibus illitum. Concitant cochlearum fluviatilium carnes sale adservatæ, et in potu ex vino datæ: erythini in cibo sumpti: jecur ranæ diopetis vel calamitæ in pellicula gruis alligatum, vel dens crocodili maxillaris, adnexus brachio, vel hippocampus, vel nervi rubetæ dextro lacerto adalligati. Amorem finit in pecoris recenti corio rubeta alligata. (l. XXXII, c. XLIX.)

XII. — Nam de venere stimulanda diximus : tria folia silvestris erucæ sinistra manu decerpta, et trita in aqua mulsa si bibantur. (l. xx, c. l.)

XIII. — Vulgaris arundo recens trita in vino pota, venerem concitat. (l. xxiv, c. l.)

XIV. — Peculiaris laus anthrisci, quod fatigato venere corpori succurrit, marcentesque senio jam coïtus excitat. Sistit profluvia alba femi narum. (l. xxi, c. xxxviii.)

Nous arrêtons ici nos extraits que nous pourrions facilement multiplier sans même sortir de l'encyclopédie de Pline; mais plus le sujet est délicat en lui-même, moins il est permis d'oublier que

>Loin d'épuiser une matière
>Il n'en faut prendre que la fleur.

RÉPERTOIRE

A

Abraham. — XXXIII.
Abumalith (démon). — XXXIII.
Adam. — XIV.
Adragante (gomme). — XLIV.
Adultère. — LII, LIII.
Aiguilles. — XL, LXIII.
Aiguillette (nouer l'), LXX ; — (dénouer LXXII, LXXVII.
Aimant (pierre d'). — XIV, LII.
Aisselle. — I, XXI, XXII.
Allium (ail). — *Appendix*, IV.
Aloès (bois d'). — LXXXIII.
Amaranthe (plante). — VII.
Ambre. — LIII, LXXVI, LXXXIII.
Anis (vert). — LV.
Anneau, voy. Bague. — Anneau nuptial, LXXII
Anser (oie). — *Appendix*, VI.
Anthriscus vel Anthrax (escarboucle, pierre précieuse). — *Appendix*, XIV.

Aper (sanglier). — (*Fel aprugnum*), Appendix, vi.
Argent. — ii, xix, xli.
Arundo (roseau). — Appendix, xiii.
Asinus (âne). — Appendix, vi.
Assaïbi (démon). — xxxiii.
Astharoth (démon). — lxiii.
Attas (démon). — vi.
Aumône. — xlii.
Autel. — xx.

B

Bague. — ii, xix, lxxi.
Balibeth (démon). — xxxiii.
Balthazard (roi mage). — xlii, lxii.
Baptême (d'un fagot). — lxiii.
Bas de chausse. — xxxiii.
Bélier (sang de). — xlv.
Bélier (signe du). — xlvii.
Belzebud (démon). — vi, x, xii, xli, lxiii.
Belette (œil de). — lxxi.
Bestarbesto (démon). — xxvi.
Boîte (percée de neuf trous), xxviii; — (de sapin), xxxix.
Borax. — lxvi.
Bouc, xxxiv; — (graisse de), xlviii.
Bouillon. — xxvii.
Bouquet. — vi, xxiv.
Bras. — xii, l.

C

Café. — XXI, XXVII.
Caille. — LX.
Canabo (démon). — VI.
Canif. — XIV, LXI.
Canis (chien). — Appendix, X.
Cannelle. — LXVI.
Cantharides (mouches). — LV, LXVI.
Caractères magiques. — I, II, XXV, XXX, XLIII, XLVIII, L.
Carotte. — LV.
Cendres. — XIV, XXXI.
Cerf (corne de). — XXXVI.
Cerveau (de merle). — V.
Cervelle (de chat), XXIX ; — (de passereau), LV.
Chalumeau de paille. — LXXII.
Charbon. — XLIII.
Chasteté recommandée. — LXXV.
Chat. — XXIX.
Chauve-souris. — XLVIII.
Chemise (de la femme) — XLVI.
Cheveux. — I, II, XIII, XXXV, LXXIX.
Chevreau (peau de). — L.
Chypre (poudre de). — LXXVI.
Cierge, XXXIX ; — (béni), LI.
Cire, XXXIX ; — (vierge), LI.
Citronnier. — XXXIX.

Cœur. — II, VII, IX, XXIV, XXXVIII, LXV; — (d'hirondelle), XXXVII; —(de pigeon), XXXVII, LII, LVI, LVII; — (de mouton), XL, LIXII; — (de poulet), XLIII, LVII; — (de crapaud), LII; — (de moineau), LVII; — (de caille), LX; — (en cire), XXXIX.

Clous. — LXIII.

Clou de girofle. — XLIII.

Cochlea (limaçon). — *Appendix*, x, xi.

Cocuage (recette contre le). — LVIII.

Colombe. — LII, LVI.

Colombaire (herbe de Vénus). — LXXIII.

Conception (des femmes). — XLV, LXVII.

Conjuration (de l'image de cire), XXXIX; — (de l'étoile du berger), XLII, LIX.

Consoude (la grande), plante. — LXIV.

Copulation (pour empêcher la). — LXI.

Corail. — XXXIII, XXXVIII, LXXXIII.

Coriandre (épice), LV. — *Appendix*, iv.

Coton. — XXXIX.

Cou. — LXXVIII.

Couteau. — III, XLIII, LVII.

Crapaud. — XX, LII.

Credo (prière). — LXIII.

Crethmon (pourpier). — *Appendix*, vii.

Crocodilus. — *Appendix*, xi.

Croix. — XLIII.

Cuivre (métal des talismans de Vénus). — LXXX et suiv.

D

Danser nu (secret pour faire). — XLVIII.
Démons. — VI.
Dent (de lait), XLV; — (d'un mort), LXXVII.
Diamant. — II, XXXIII.
Dieu. — X, XLII, XLIX, LIX, LXIII.
Divorce. — LX.
Doigt (petit). — XII, XXXI, XLI, XLIV.
Domon (démon). — XLI.

E

Eau bénite. — LI.
Echytes (ou *Aquileus*, pierre). — LXXIV.
Effeton (démon). — VI.
Eglise. — XLII.
Elkuros (bon génie). — XXXIX.
Encre (de sympathie), XIV; — (ordinaire), XIV XXXIX.
Enfants mort-nés. — XLII.
Enfer. — VI, XL, LXIII.
Enula campana (plante). — XXIV.
Épaule. — XL.
Épine (de citronnier). — XXXIX.
Épingle. — XLI, LXIII.
Equus (cheval). — *Appendix*, VI.

Eruca (roquette). — *Appendix*, v, xii.
Erythinus (rouget, poisson). — *Appendix*, xi.
Eschiel (saint), — (génie), — xxxix.
Estomac (de la femme). — lii.
Étain. — xvii.
Étoile du berger. — xlii, lix,
Eve. — xiv,
Excréments. — liv,

F

Fagot (sacrifice d'un). — lxiii.
Farine. — xl.
Fenouille. — xlviii.
Feu, i. xiii, xx, xxi, — (du ciel), xxii, xl, xliii.
Fiel (de bouc), xxxiv; — (de vache), xxxvi; — (de lièvre), xxxvii
Fiente (de lièvre). — xlv.
Figue. — xxxiii, xxxviii.
Figure magique en cire. — xxxix.
Fil. — lxxviii.
Fleurs. — x, xii, xiii.
Foie (de pigeon), v; — (de passereau), lvi.
Four. — vii, xxvii.
Fourmis. — xxviii.
Front. — xi.

G

Gabriel (archange). — XXIII.
Gaspard (roi mage). — XLII, LXII.
Galerites (pierre). — LIII.
Gallus (coq). — *Appendix*, X.
Gauche (côté), VI, XI, XII, XXII, XXVIII, XXXI, XXXII; — (payer de la main), XXXIX, XL; — (main), XLI, XLIV; — (genou), XLIII.
Genou. — XLIII.
Gingembre. — LXVI.
Gomme *arabique*. — XXXIX.
Graisse (de bouc), XXXIV; — (de lièvre), XLVIII.
Grenouille, XXVIII; — (tête de), LII; — (langue de), LXV.

H

Helenium (plante née des pleurs d'Hélène). — *Appendix*, IX.
Hermaphrodite (herbe). — XVI.
Hippocampus, (hippocampe, cheval marin). *Appendix*, XI.
Hippomanes, XXIX. — *Appendix*, VI.
Hippopotamus. — *Appendix*, XI.
Hirondelle. — XXXVII, LVI.

5.

Horminou agrion (la toute-bonne). — *Appendix*, VII.
HOROSCOPE. — VIII.
HUILE. — XXXIV.
HUPE (oiseau). — XXXIII.
HYERABORAN (herbe de Vénus). — LXXIII.

I

Ibis (oiseau). — *Appendix*, X.
IMPUISSANCE. — LXVIII.

J

JEAN-BAPTISTE (saint). — XLIX.
JESUS-CHRIST. — XLI, XLIII.
JEUDI. — II, XXXIX.
JEUN (à). — II, XXXVIII, XLIV, LV.
JOSEPH (saint). — XI.
JUPITER. — X.

L

Lacerta (lézard). — *Appendix*, X.
LACET de fil blanc. — LXXI.

Lacs d'amour. — I, II, XVIII.
Lait (de femme), XIV; — (de la Sainte Vierge), XLI; — (ordinaire), LXVI.
Laiton. — XLI.
Laitue (graine de). — LIII.
Langue. — IX.
Larder un cœur de mouton. — XL.
Laurier. — XXV, LXII, LXXIX.
Léonard (saint). — LIX.
Lieux d'aisance. — XL.
Lièvre, XXXVII; — (fiente de), XLV; — (rognon de), LVI; — (sang de), LVII; — (graisse de), XLVIII.
Linge. — XXIV, XXVIII.
Lit (chevet du), XVII, XXIII, XXXI, LXII, LXXII, LXXIX; — (bois du), XLIX.
Loup, LVIII; — (verge de), LXXI; — (moëlle de pied de), LXXVI.
Lucifer (démon). — VI, XII, LXIII.
Lumignon enchanté. — XLVIII.
Lune, XXXIX, XLIV; — (nouvelle), LVII.
Lys (fleur de); — LIII.

M

Magnétisme. — LXXV.
Main. — IV, VI, IX, XI, XII, XVI, XXII, XXVI, XLI, XLIII, XLIV, L.
Mal vénérien. — LXX.
Mamelle. — LII.

MARCHANDER (acheter sans). — XXXIX, XL, XLI
   XLIII, LXIII.
MARIAGE. — XXXIII.
MARIE (la Vierge). Voy. VIERGE.
MARJOLAINE (plante). — XLVIII.
MATRICE (d'hirondelle). — LVI.
MELCHIOR (roi mage). — XLII, LXII.
MENSTRUES (règles). — XXVII, XLVI, LXIV.
MERCURE (vif-argent). — LXXII.
MERLE. — V.
MESSE. — XX, XLII.
MICHEL (saint-archange). — XXIII, XLIX.
MIEL. — XXXV, LV.
MINKENPHANI (bon génie). — XXXIX.
MOELLE (épinière d'un loup), LVIII; — (du pied
   d'un loup), LXXVI.
MOINEAU. — I, LVII.
MORTIER. — XX, XXXIX.
MOUTON. — XL, LXIII.
MULE, XLV. — *Appendix*. X.
Mus (rat). — *Appendix*, VI.
MUSC. — LV, LXXXIII.
MYRTE. — XXXIII, XLVIII, LXXVIII.

N

NEUF (nombre). — II, VII, XXIV, XXVI, XXVIII,
   XXXVII, XXXIX, XL, XLI, L.
NEZ. — XXVII, LIII
NŒUD. — XVII

Noyer. — XLVIII.
Nymphea (nénuphar). — *Appendix*, VII.

O

Œuf (jaune d'). — XXXI.
Oignon. — LV.
Or. — II.
Orchis (plante). — *Appendix*, VII.
Ornithoglossum (herbe). — LV.
Ortie (eau d')—V.
Os (de grenouille). — XXVIII.

P

Pain. — XXI, XXVII.
Pain d'épice. — VII.
Palavoth (bon génie). — XXXIX.
Papier (brouillard), VII; — (feuille de), XIV, XX, XXXVIII, XLIII.
Paradis terrestre. — XIV.
Parchemin (vierge). — XXX, XXXIX.
Parfum de Vénus. — LXXXIII.
Passereau. — LV, LVI.
Pater. — LXIII.
Payer (de la main gauche). — XXIX.
Pelle a feu. — XXI, XXXI.

Pervenche. — xv.
Peuplier. — xxxiii.
Pied, xxxviii, xlix; — (de loup), lxxvi.
Pigeon. — v, xxxiii, xxxvii, l, lvii.
Pignon (épice). — lv.
Pivert. — lxxvii.
Pivoine (plante). — xlvii.
Plantain. — li.
Plomb. — lxix.
Plume (à écrire), xiv, xxxix; — (de pigeon), xxxviii, l; — (d'oie) li.
Poils, xxi; — (de loup), lviii.
Pois-chiches. — lv.
Poivre. — lxvi.
Pollen de lys. — liii.
Pomme d'amour. — lxxix.
Porrus (poireau). — *Appendix*, iii.
Porte (seuil d'une), xlviii; — (de la chambre nuptiale), lxi.
Pot (de terre à trois pieds). — xl, xliii.
Poulain. — xxix.
Poulet (noir). — xliii, lvii.
Psaumes (de la pénitence), — xxxix, l.
Purgatoire. — xlii.
Pysterion (herbe de Vénus). — lxxiii.

R

Rana (grenouille). — *Appendix*, xi. — (*Diapetes*, de prés. — *Calamita*, de marais)

Raphael (archange). — XXIII.
Raphanus (raifort). — Appendix, I.
Rat (mâle). — XXXII.
Rayons visuels (puissance des). — LXV.
Rebours (procession faite à — Credo récité à).
— LXIII.
Réchaud. — XLIII.
Remore (oiseau). — XXIX.
Rétrécir. — LXIV.
Rognon (de lièvre), LVI; — (de rat), XXXII.
Rois mages. — XLII, LXII.
Roquette (plante). — LV, LXVI.
Roses sèches. — LXXXIII.
Ruban (rouge), I, XVIII; — (de fil blanc), XXXIII.
Rudamon (démon). — X.
Rupex (oiseau). — LXX.

S

Sacrifice d'un poulet noir. — XLIII.
Safran. — XXXIX.
Saint-Jean (jour de la). — XXIV, XLVIII, LI.
Salade. — LV.
Salamandra (salamandre). — Appendix. VIII.
Salive. — I, XLIV.
Sang, I, XII, XXV, XXVII, XXXI, XLI, XLIV, LVI, LXXIX; — (de pigeon), XXXIII, XXXVIII, L; — (de huppe), XXXIII; — (de poulet), XLIII; — (de bélier), XLV; — de chauve-souris), XLVIII; — (de lièvre), LVII.

Sapin. — XXXIX.
Satan. — X, XII, XLI.
Satyrion (racine de), LV; — *Appendix*, V; — *Ibid.*, VII.
Scheva (mot magique). — II, LXXIX.
Scincus (espèce de crocodile terrestre). — *Appendix*, V.
Secret. — (Pour savoir le secret d'une femme). — LII, LXV.
Sel. — XL; — (béni), LXXVII.
Serapias (plante). — *Appendix*, VII.
Staphylinus (panais). — *Appendix*, II.
Signe de la croix. — IX, XI, XLIII, XLIX, LXII.
Soie (verte). — XLI.
Soleil levant. — II, VII, XX, XXIV, XXVIII, XXXIX, XLVII, XLVIII, L, LI, LVII.
Solon (oiseau). — XLVIII.
Sommeil. — XXXVII, XLIX, LII, BXV.
Songe (prophétique), XLIX; — (amoureux), LXIX.
Soulier. — XIV.
Soupe. — XXI.
Stellio (stellion, espèce de lézard). — *Appendix*, X.
Stine (animal). — LXVI.
Sucre. — LXVI.
Sus (porc). — *Appendix*, VI.

T

Tabac. — XXIV, XXXIII.
Taffetas. — VII (— bleu). — XXXII, XXXVIII.

Talismans divers pour donner de l'amour. — LXXX, LXXXI, LXXII.

Taurus (taureau) — *Tauri urina.* — *Appendix*, VI.

Tempe. — XXXIII, LXXVII.

Tête d'un fille (grosseur de la). — LXXVII.

Thym. — XLIII.

Tithymalus (tithymale, plante). — *Appendix*, VII.

Torpedo (torpille). — *Appendix*, XI.

Trois (nombre). — XXXI, XXXIII, XXXIX, XL, XLI, XLII, LXIV, XLIX, LIX, LXII, LXXIX.

U

Urine (de mâle), XLV, XLVI, LXIII. — (Conjugale), LXXII.

V

Vache. — XXXVI.

Vendredi, III, VII, XX. (— Saint). — XXXI, XXXIII, XXXVIII, XXXIX, XLI, XLII, XLIV, XLIX, LVII, LIX, LXXV, LXXXIII.

Vénus. — XX, XXXIX, L ; — (herbe de), LXXIII ; — (talismans sous l'influence de), LXXX et suiv. — (Parfum de) LXXXIII.

Vers de terre. — III, XV
Vers luisants. — LXXIII.
Verveine. — IV, XI, XXXIX, XLVII, XLVIII, LVII ; (ses propriétés). LXXIII.
Vespertilio (chauve-souris). — *Appendix*, x.
Vierge (la sainte), IX, XI, XXII, XLI, XLIX.
Vinaigre. — XXXVII, XL, XLIII.
Vinette (plante). — LXVII.
Virginité. — IX, (pour reconnaître la) : L. I. LXVIII.
Vultur (vautour). — *Appendix*, x.

X

Xiphium (glaïeul) — *Appendix*, VII.

ACADÉMIE DES BIBLIOPHILES

Membres du Conseil: P. CHERON; H. COCHERIS; J. COUSIN; P. JANNET; L. LACOUR; L. LARCHEY; A. DE MONTAIGLON; C. READ; O. DE WATTEVILLE.

Collection de la Compagnie.

1. DE LA BIBLIOMANIE. In-16, 84 p., 160 exemplaires. . . . . 5 »

2. LETTRES A CÉSAR. In-32, 68 p. 300 ex. 2 »

3. LA SEIZIESME JOYE DE MARIAGE. In-16, 32 p., 500 ex. . . . . 2 »

4. LE TESTAMENT POLITIQUE DE CHARLES DE LORRAINE. In-18, 78 p., 210 ex. . . 3 50

5. BAISERS DE JEAN-SECOND. In-32, 64 p., 504 ex. . . . . 2 »

6. SEMONCE DES COQUUS DE PARIS, 1535. In-18, 20 p., 210 exemplaires. . . . . 2 »

7. Noms des Curieux de Paris. In-18, 12 p., 140 ex.. . . . . 1 50

8. Les Deux Testaments do Villon. In-8, 120 pages, 200 ex.. . . . . 7 »

9. Les Chapeaux de Castor, 1634. In-18, 8 p., 200 exemplaires . . . . . . 1 »

10. Le Congrès des Femmes. In-32, 38 p., 312 ex.. . . . . 1 »

11. La Fille ennemie du Mariage, In-32, 64 p., 312 exemplaires. . . . . . 2 »

12. Saint Bernard. Traité de l'Amour de Dieu. In-8, 140 p., 313 ex. . . . . . . 5 »

13. Œuvres de Regnier. In-8, 356 p., 525 exempl.. . . . . 20 »

14. Le Mariage. In-32, 64 p. 312 ex. 2 »

15. Le comte de Clermont. 2 vol. in-18, 432 p., 412 exemplaires. . . . . 10 »

16. La Sorbonne et les Gazetiers, par M. Jules Janin. In-32, 64 p., 312 ex. . . . 2 »

17. L'Empirique, 1624. In-18, 20 pages, 200 exemplaires. . . . . 2 »

18. La Princesse de Guéménée dans le bain. In-18, 16 p., 200 ex. . . . . . 2 »

19. Les Précieuses ridicules. In-18, 108 p., 422 ex.. . . . . 5 »

20. Les Rabelais de Huet. In-16 de 68 p., 260 ex. . . . . 3 »

21. Description naïve et sensible de sainte Cécile d'Alby. In-16 de 64 p., 260 ex. 5 »

22. Apocoloquintose. In-32 de 64 p. 512 exemplaires. . . . . 2 »

23. ALINE, par Boufflers. In-32, 64 p., 512 ex. . . . . 2 »

24. PROJET POUR MULTIPLIER LES COLLÉGES DES FILLES. In-32, 32 p., 312 ex. . . . 1 »

25. LE JEUNE HOMME ET LA FILLE DE JOIE. In-32 de 32 pages, 312 ex. . . . . 1 »

26. LE COMTE DE CLERMONT ET SA COUR, par M. Sainte-Beuve. In-18 de 88 p., 412 ex. 3 »

27. LE GRAND ÉCUYER ET LA GRANDE ÉCURIE, par M. Edouard de Barthélemy. In-18 jésus. . . . . 6 »

28. LES BAINS DE BADE AU XVᵉ SIÈCLE, par Pogge. In-18 raisin. . . . . 3 »

29. ÉLOGE DE GRESSET, par Robespierre. In-8 carré. . . . . 5 »

30. AMADIS DE GAULE, par Alphonse Pagès. In-18 raisin. . . . . 5 »

31. MAXIMES DE LA ROCHEFOUCAULD, éd. par M. Louis Lacour. In-8 carré. . . . 20 »

32. HISTOIRE DE LA RÉUNION DU DAUPHINÉ A LA FRANCE, par J.-J. Guiffrey. In-8 25 »

33. LOUANGE DES VIEUX SOUDARDS, par Louis Lacour. In-32. . . . . 2 »

33. ACADÉMIE DES BIBLIOPHILES. Livret annuel. Première année, 1866-1867. In-8 carré de 16 p., 150 exemplaires. . . . . 5 »

34. LE BRÉVIAIRE DU ROI DE PRUSSE, par M. Jules Janin. In-32 carré de 72 p., 300 exemplaires. . . . . 2 »

35. L'OUBLIEUX, comédie en 3 actes de Charles Perrault, de l'Académie française, auteur des *Contes de Fées*, publiée pour la première fois

par M. Hippolyte Lucas. In-18 raisin, une gravure, 132 p., 350 exemplaires. . . 3 »

36. SECRETS MAGIQUES POUR L'AMOUR, au nombre de octante et trois, publiés d'après un manuscrit de la bibliothèque de Paulmy, par P. J. bibliomane. In-18 raisin, 400 ex. 4

37. LE THALMUD, étude par M. Deutsch, traduit de l'anglais sous les yeux de l'auteur. In-18 fabriqué à Londres, 200 exempl. »

38. LIGIER RICHIER, par Auguste Lepage. In-16, 36 p., 260 exempl. . . . . . . 2 »

39. CATALOGUE D'UN LIBRAIRE DU XVᵉ SIÈCLE TENANT BOUTIQUE A TOURS, publié par le docteur A. Chereau. In-16, 36 p., 300 ex. 3 »

40. RABELAIS, publié par A. de Montaiglon et Louis Lacour. 3 vol. in-8. . . . . . 60 »

(Le 1ᵉʳ volume est en vente. Jusqu'à l'apparition du tome III on peut souscrire à l'ouvrage au prix de 15 fr. le volume.)

41. LES ANTIQUITEZ DE CASTRES, de Pierre Borel, publiées par Ch. Pradel. In-18 jésus, 288 p. . . . . 10 »

42. LES SATIRES DU SIEUR N. BOILEAU DESPREAUX, publiées par P. de Marescot. In-18 de 204 p., 300 exemplaires. 10

Les Statuts et le Catalogue de la Compagnie se distribuent gratuitement à la Librairie, rue de la Bourse,

Achevé d'imprimer

pour

L'ACADÉMIE DES BIBLIOPHILES

PAR ALCAN-LÉVY

l'un des imprimeurs de la Compagnie

A Paris
En MDCCCLXVIII

www.ingramcontent.com/pod-product-compliance
Lightning Source LLC
Chambersburg PA
CBHW071728090426
42738CB00011B/2414